기쁨의 우물

기쁨의 우물
최인경 시집
기쁨의 우물

| 서 문 |

영성적 부호로서의 언어세계

김 원 (시인, 한국문인선교회 부회장)

무기물인 부호로서의 언어는 인간 상호간의 교류를 가능하게하는 유기체로서의 아름다운 생명력을 가지고 있다.

정서의 압박으로 부터 탈피함은 언어의 무궁무진한 위력의 일부가 되기도 한다.

정제와 순화의 에네르기라는 독자적 언어의 힘과 가능성이다 .

문학의 원초적인 성격에 관해 "언어의 속성은 근원적으로 신화의영역" 에서 유래되었다는 막스 밀러의 견해도 있다 그런 이유로 시적 감흥은 원시언어의 범주에서 태동한다는 일례와도 상관성을 가진다.

시의 기술인 이미지 창출의 다양한 표현 양상들이 이번 최인경 시인의 첫 시집 「기쁨의 우물」 작품 도처에 포진되었음을 발견할 수 있다.

물론 심상과 표상이라는 의식의 형상화 작용에서 기인함을 의미하기도 한다.

"이미지의 기능은 상징적" 이라는 샤르트르의 해석이 있기도 하다.

삶의 리얼리티와 초현실세계의 영역을 명료한 정신의 시각으로 추적하여 생명현상의 지고한 가치의 구축과 통합적이고 우주적인 조화로움을 구성한 각고의 노력에 깊은 공감을 하게도 된다.

인식의 언어인 논술의 언어를 초극하여 창조의 언어라 일컫는 시적 언어를 제시하고 있는 작품의 흐름과 면면을 접하게 됨도 물론이다.

현상학적 세계에서 자연주의적 관점은 매우 소중한 미학적 요소의 출발선이다.

미지의 지평과 영적 이데아의 확신과 의지 불변의 꿈을 지향하는 작가의 창작 태도와 열정을 바라보게 된다.

산고를 통한 수려한 근래의 역작들에 찬사와 격려를 보낸다.

| 시인의 말 |

기쁨의 우물을 그대에게

황량한 들판에
고통과 시련의 비바람
견뎌내고 있을 그대

그 누구도 알지못할
그대만의 어둠속에 살며
그늘속 주검이 드리워진 곳

어깨에 메인 무거운 짐
세상 노예로 발목잡혀
신음소리조차 내지못할 때

기쁨으로
구원의 우물에서
물을 길어요

기다림의 우물가로
그대 사랑으로 맞아줄 이 만나
영원히 목마르지 않을
금빛 물을 마셔요

2023. 봄날에
최 인 경

|목차|

2부

3부

4부

5부

6부

1부

생강 사람

들녘에 하이얀 서리 내리니
바람 불어 내심 서려올 때
낙엽 딩구르는 길가에
스산한 마음에 1도 올리고파

올해는 생강 사랑이 포르르
나의 생애에 아낌없이
사들이던 날들이라

제멋대로 자유로운 모양들
말을 걸어오고 재미있다더니

세상 풍파에 울퉁불퉁하니
거칠기까지 한 피부에
검게 문드러져도 냄새는 없다만

묻은 흙덩이 사이사이
틈바구니에 끼인 것들

흐르는 물에 씻기고 벗겨내고

속속들이 다듬어 내기를
예날 밤을 지새우더라

울 아기 어린 시절 목욕시키며 이쁜
손잡듯 매끈매끈 곱기도 하구나

그 속에서 물끄러미 바라보게 되니
울림이 메아리치네
생강 허물 벗겨내듯 내 허물 바라보며
씻어내고 씻겨내어 새롭게 태어나리

존재의 황금 숲

반다아크와 갈빛 숲
고요한 어둠이 마음속까지
찾아듭니다

님의 발자욱 남긴 곳
멀리 있는 세상에서
그 무의식 속에 손잡고

존재로 그곳에 멈춰
큰 숨 들이쉬며 하루의 무상한
상념들 낙엽에 놓고 갑니다

님이여
어떤 일이 있었나요
평온히 따스한 불 밝히며
수고한 자신을 위해 쉼을
맞이해 볼까요

내가 가야 할 자리

내가 가야 할 자리 어디인가요
높은 자리 아니라
번화한 자리도 너무 번잡하니
가로막아 주십니다

허덕이며 뛰어다니고
흡족한 기분으로 나 상상하더라
이 자리에서 떠날 수 있겠구나
네 몸에 맞는 자리니 거하라십니다

자리를 갑자기 떠나야 할 때가 있고
머물고 싶어도
검보랏빛 길로 들어서야 할 때도 있으니
있는 곳 만족하며 두 팔 벌려 누우려네

놓쳤다고 씁쓸을 낳지 않으며
자유를 누릴 대가代價를 치르고
여유로움 벗 삼아 가치를 찾으니
꼬옥 맞는 창조의 자리 누리네

하늘 아이야

푸른 별빛 받으며
파란 꿈 둘러싸인
하늘의 아이들아

빛나는 보좌 위에
영광을 노래하고
날개 가득 반사해

대지에 울려 퍼져라
지상에 희망이구나
하늘 뜻 펼쳐가리라

현재

매미들의 삐꼴라와 포르테
정교한 연주 소리

귀뚜라미 풀벌레 솔로와
어우러지며
가을 맞은 실바람이
지휘를 하는 아름다운 아침

현재라는 강물은 계속
내 삶에 흐르고 있다

머물고 붙잡아 놓으려 하는
감성들 마음 안채에
고이지 않게 하리라

지금 만나는 것에 귀 기울이리
눈앞에 보는 것들과 아름답게
살피고 성찰하며 걸어가리라

선율

한 줄기 바다 깊은 곳에서
펴 올린 청초 향 그윽하니
양식되어 나온 것과
어찌 비교할까요

한 줄 글 사랑에 님의 뜻 다한다면
온몸의 여린 세포 떨리어 전율하오
꿈결같이 고운 현
영혼의 가야금이라

고풍의 옷 영혼에 입히리

보내야 하는 삶의 뒤안길
애수에 찬 거리마다의 하강
또 다른 간절한 부름에의 초대

추수하는 감사와 기쁨의 계절
바람은 차갑게 스미어들며
장엄한 대지의 환원 속으로

내 부르는 소리에
내면의 감성체들
나 당신의 손길마다 탄성을 담아
고풍의 옷 영혼에 입히리

차연

차향이 밀려오는 숲
영혼이여 깨어나라

첫발을 내딛는 청년처럼
뜨거운 열정으로 일어나세

그대 불꽃이여
쓰러지고 넘어지더라도

생의 쓴맛이 무엇인지 알지니
언제인가 부드러워질 것이리

백 개의 눈

백 개의 눈 아르고스
아무도 오지 않는 들판에
마을 목동들 찾아왔네

아름답게 피리를 부는 목동
음악에 취하여
눈 감겨 잠드네

말재주 없는 척하는 목동
헤르메스 묘안의 음악
소를 지키는 이 마지막 눈

레노디언의 기억이 사라지고
헤라의 분노
공작새 깃털에
아르고스의
백 개의 눈 옮겨졌네

두 개의 육체가 공존하니

남자는 충동적이니
좌충우돌하고 편협되고
자신이 잘났다고
하던 사람

여자는 부드러운 사랑으로
내 자식 낳아주고
같이 운명이라 생각
나의 모든 것을 다 알고 있는
내 사람을 사랑해 주고 싶은데

내 죽을 때
나의 마지막 숨을
같이 쉴 사람인데

나에게 필요하고
너에게 필요한 사람
부부가 서로를 이해하고
진정으로 하나 될 때까지

정성을 쏟아부어
인내로 맺어가는
카이로스의 시간
가정이 꽃피는 나라로

넘어가야 할 자리에서
변화시킬 수 없는
한계가 많지

사랑을 하고 싶고
관심을 받고 싶은 그녀
자기를 비워가며

함께 마음 안아주고
가슴 아프게
눈물 흘리는 이 시간들

앙탈부리는 여인
못난둥이 딸이 하나 있다
생각하면 어떨까

2부

귀 기울여야

앙상한 가지에 외로운 바람
가난한 마음을 두드리니
나 누군가 부릅니다
마주하고 싶습니다

당신과
대화가 메마를 때
내 영혼 고갈되니
날 부르소서

보이지 않는
만질 수도 없는
님이여
보이는 것 저 너머에 계신
희망으로 달려갑니다

갈함

영혼아
생명의 기쁨이 무엇인지 맛보았던 너
샘이 말라 갈함이 연속 이어지는구나

마음아
기갈하여 쓰리고 공허함으로 타들어가
몸부림치나 삶의 즐거움이 잡을 수 없는
곳으로 사라졌구나

육체여
가뭄에 쩍쩍 살점이 갈라져 가는 듯
어둠이 스올에서 내 발목 잡으니
황폐의 연기로 질식하겠구나

생기의 근원이신 당신이여
이 흐르는 강이 말라 타들어갑니다

기쁨의 성소이신 님이여
오른손으로 나를 끌어내주셔야
내 숨이 돌아오겠습니다

나를 빼내어 주소서
나를 건져주소서

상승과 하강기

사랑을 잃어버릴 때는
타오르던 모닥불의 뜨거운 열정도 태우고
주검의 빛 잿더미만 남는구나

세상 모든 사람들의 눈에서
사라지고 몸부림치는 어둠의 밤
그 시간도 지나가 버리는 것

성숙을 향하여 오르는 산은
외롭고도 아파
기대하며 받고 싶은 것도
뿌리치고 저 혼자 스올로

외로움이 나그네로 찾아들고
또다시 벗어나려 누군가를 만나야하는
그런 인생길이라면 어찌해야 하는가

불꽃이 생명의 길로 가려 하는 몸부림
제 마음을 지켜 내려고
고장난 마음의 다리로

넘어서고 쓰러지다
홀로서기 하는 중이라지요

조금 기다려요
지켜봐 주시느라
조금만
처음 시작하는 것처럼
조심스레 웃어주세요

잘하고 있어요
힘도 많이 생기고
유연해지려고 합니다
누구보다도 멋있게 일어서고 있어요

지성소

어둠이 깊은 곳에서
당신의 마음을 담은 나의 몸

자주 너무도 자주
잘못과 실수로 넘어집니다

삶의 방향이
다른 이들에게서

매이거나 생을 같이하며
공동책임을 지는 것에
빠지지 않도록 새기며

내 마음에서 계시는
당신을 늘 기억하게 하소서

빛이시여
님 안에서 대화를 나누며
사귀게 하소서

당신을 누리고
당신과 동행하게 하소서

님은 나의 주인이십니다
나는 당신의 자녀입니다
이 약속으로 믿고 두려워하며
온갖 것에서 더럽혀지는 몸을
깨끗케 하소서

불신의 자리에서
나오게 하소서
머물지 않고 죄악에서
떠나게 하소서

광야로 가는 길

다른 사람과 다르다는 생각
깨어지고 벗어짐의 시간을 갑니다

내려가는 길에 반응을 잘하는
씨앗으로 겸손하게 되게 하소서

먹어서 배부른 곳 아름다운 집에
잃어버린 영혼들 돌아오리라

너 바라는 것이 무엇인가

길을 찾을 수 없는 사람아
높은 자리에서 그대의 앞날을
볼 수 있겠는가

빚지고 가난한 사람아
괴로운 날에서 건져질 것이라

빈 하늘 바라봐도 보이지 않으나
기쁨이 바람처럼 휘감게 되리라

너 바라는 것이 무엇인가
눈물로 지켜보신 뜻을 헤아리라

빈 그물을 부여잡는 손

나 진솔한 마음을
만납니다

수시로 변할 수 있는
내 안에 피어난 구름 앞에

희망이란
하늘에서 내린 추

빈 땅에서
겸허의 뱃속
움켜쥐고
고요한 새벽을
기다립니다

깜깜한 밤 지새우며
빈 그물을 부여잡는 손

다시 던져보라
다시 던져보리

불꽃들의 꿈

어디에서도
영롱한 눈빛으로
마음을 비우게 하는 걸
고요함을 타고
태고의 언어 속으로
초대되어야
순수한 강물의
불꽃 사랑 느낄 수 있는 걸

그 남자의 하와

영혼과 삶을
부드럽게 하는 밤
시공 속 선율 따라
맑게 씻기운 평화가
훨훨
깃털 되어 날린다

세상살이에
때 묻은 감성들
목련꽃 사월 봄볕에
하늘가 안기우니
산새들도 우지우지

깊은 밤 내 곁에
꿈꾸며 부르는
랑郞의 콧노래

칠흑의 어둠이
하얀빛 붉은 눈 뜨기 전
그녀 하와
시어詩語들과 노 저어
진달래 빛으로 취해가네

홀로

닿을 수 없고
만질 수 없어

그저 바라본
별들의 꿈 너머

뿌려지는 은하수 빛
말갛게 씻긴 영혼

시간을 함께 보내며

어여쁜 하늘의 사람이여
땅에서 머무는 울분의 시간은
매서운 바람처럼 지나가리

잠시 폭우를 피할 동굴 찾아
그대는 누구인가?
자신의 모습을 볼 수 없을 때
주머니 속의 거울을 열어보세요

나를 진정으로 알고 싶은가요
삶을 살아가는 원천은 무엇인가?
그대 어떤 사람인지 말해 줄래요
당신이 본 세상 이야기 들게 해 줄래요

우리 하나 되어

광야의 땅
마음 다하여
씨앗을 뿌려가네

생명의 빛이
존재로서 세워가고
어제의 고난도
오늘 딛고 일어나

우리 하나 되어
희망의 꿈 일궈내니
영원한 꽃 피우리라

3부

페가수스의 새벽

깨끗한 사람되라
포도주와 독주를
마시지 말라
취하지 않고
깨어 있으라

나실인과 같이 되자
세상이 어둠 속에 있으나
밝게 빛나는 별이 되라

하늘의 님
복을 주시는 장소
배우고 익히며 연구하고
교제를 나누면서

거룩한 집을 세워가는데
준비하는 장소를 만드세
비상하는 페가수스의
날개를 달아가세

페가수스의 밤

별들이 보이지 않은
도심의 하늘이
내려다보네

까아만 시월의
스무닷샛날
성장의 벽돌 한 장씩
쌓아 올리는 하얀 별꽃들

눈물방울 알알이
손이 깨끗하여
정직한 마음들

서로 보듬어주는
핑크 컬러 네 꽃들이여
페가수스의 하얀 날개
선한 빛으로 솟아나리

페가수스의 꿈

만남의 숲에 들어와
빛나는 눈빛 맞추며

허물어진 마음 가다듬고
아픈 몸을 살펴 돌아보네

잃어버린 세월의 한탄에서
새 출발하는 청년의 기상

펴플로 날마다 재생되니
배움의 길로 꿈의 날개 펴리라

하늘을 타다

아침 해가 뜨는 것을
보는 것은 보통 일인가

시소가 높이
오르는 것처럼 신난다

내가 크게 흔들릴 때는
나 바람처럼 홀로 떠돌 때

발걸음 벼랑 끝에 이르고
부르짖었더니 하늘을 타다

마음의 온도

기온이
떨어지는 11월
마음의 온도

가슴에서
고운 웃음 피어나
창조의 사색들로
불 밝히소서

황금보다 귀한 것

탐욕이 불확실성 시대에
불법으로 거짓을
보자기로
싸매는 세상에서

우리 앞만 보고 달리던 삶을
멈춰 볼 수 있으면 좋을 것이라

맘에 세상에서는 얻을 수
없는 것들이 끝없으나

님을 주인 삼은
청빈한 삶을 노래합니다

홀연히 오실 신랑을 맞이할
사모하는 기름을 준비하는 것이
황금보다 귀한 것

나 허망한 것들에서
건너게 하소서

가을의 꿈

미래가
신분의 대물림
극심하게 망가지고

불평등의 분노
맘몬이 지배하는
시장의 현실 속에서

희년의 역사
고인 물이
탕감되어야 하리

배분의 물꼬를 바꿀 길

현실에서 눈을 뜨게 하소서
비틀거리는 탕자들

깨어나야 하리
이겨나게 하소서

간구

두 눈을 꼬옥 감고
절규하며
육신의 짐으로
숨쉬기조차 버거울 때

손 내밀 사람 아무도 없고
그저 침묵의 그림자뿐
사방으로 막혀버려
신음하고 있을 때

캄캄한 절망
좌절의 동굴에서
하늘 아버지만을 부르네

일어나라

분노도 미움도 불평도
가져가시는
님이여

인생으로 한바탕 소리소리
지르며 이 땅 위에 떨구어져
풀처럼 사라지는 나그넷길에
바라며 가야 하는 하늘 집

날마다 작은 죽음 속으로
들어가며
눈 부신 빛 가운데 깨어나는 연습

내 친구들 세상 놀이에 취하여 땅을 사고
집을 짓고 보화를 세며 착취로 채워가느라
세월을 다하기도

아니면 불의의 재판이 주인 되어
진리에 어둡고 불공평을 쌓으며

번영을 쥐어 잡고 영광스러운 자리 쫓아
모순의 흰 포도주에 취합니다

높은 자들을 심판하시는 님의 거룩한
지식을 그들은 가르칠 수 없으니

오호
고통과 현실의 낙심에 무너져가는
영혼 영혼들아 깨어라
내 영혼아 일어나라

질곡 가운데도

내 인생 한해의 삶에
자신의 행복을 어디서
찾을 것인지요

님을 바라볼 수 있어서
만족할 수 있으니 소유나
형편에서 찾은 것 아닙니다

우둔함 속에서 질곡 가운데도
힘을 주셔서 나와 동행하셨고
한 치 앞 지탱 어려운 황무지 길

어느 때라도 채워주셨습니다
사르밧 과부의 기름 그릇을 채우시고
바싹 마른 바위에서 물이 솟듯이

님은 저의 목자 되십니다
나의 부족을 채워주십니다
한해가 있었고 오늘이 있듯
새해도 부족함이 없을 것입니다

화전花煎

빛이 너무 좋은 날
바람도 거세게 매달립니다

코로나로 일상이 바뀌면서
이삼월에 자주 오르던 산

가족들끼리 이처럼 함께할 수 있는
순기능도 있음에 서로들 바라보며
위로의 눈길을 보냅니다

산기슭 물들인 진달래 한 줌
부추 청고추 계란 풀어
아~ 손두부 곱게 으깨어

노릇한 화전 익어가는 시간
인생의 분복에 기뻐하며
달래간장에 탄성을 더합니다

4부

산

산을 가본 적이
오랜만이다

바스락 낙엽 위를
걸은 오후
새가 된 것 같이
날아갈 듯

살아있으니

살아있으니
하얀 계절이
또다시 돌아왔습니다

행복은 정원을
가꾸어가듯
내 뜨락을
어떻게 만들어 갈 것인가

잠깐 멈춰요

노랑이 빨강이다
잠깐 멈춰요

잠시 후면 아름다운
마지막 순간이
메마른 나목으로
검은 몸 드러내기 전에
잠시만 멈춰요

이 순간에 머무르며
일상에서
잃었던 사색의 샘
그냥 떨어지는
이 가을 앞에
잠시 머물러봐요

고된 삶 살아낸 우리
봄을 기다리며
겨울의 안내자를
감사로 맞이할 축제를 열어요

첫눈

첫눈이 펑펑
아이가 내 안에서
뛰어나왔다

신난다
가슴에 담아왔다
오랜만에
익선동
인사동에 값싼 상가들로
바뀐 거리

갈 곳은 미술관
그리고
옛 살던 익숙한 거리를 음미

그리고
눈으로 느끼고
가슴으로 담아

세월의 모습을 마주하며
흰 눈과 바람 품다

가을 호박

평창에 내려간 대지의 아비
신사 옷 훌훌 벗어버리고

봄에 심어놓은 호박 모종
잎이 푸르게 담을 타고
꽃핀 것을 본 뒤 떠나왔다

봄 가뭄과 여름 장마
태풍도 지나간 세월
백마 타고 달리게 된 여름날들

실과 따러 간 나의 랑郞이여
누렇게 익은 호박이 탄성
"첫서리 내린 후라도 오셨군요"

그리운 가을 향취

대추 따러 간 랑郞의 음성이
메아리친다
대추가 검애졌어
태양빛에 그을은 검붉음이라

호박은 누렇게 풀 위에서
황금빛을 발하고 있더라

봄의 텃밭에 샅샅이 캐 버린
돼지감자가 훌쩍 자라고
보랏빛 가지가 길쭉이가 되어
기다리고 있었구나

꽃나무들도 자신의 땅을
넓혀 핑크 꽃을 피웠다
피마자 나무 한 줄로 씩씩한 군사
가을 태양이 눈부시게 빛난다

창을 열어준다

시를
맞이하며

세상 밖에서
시어들을 그리다

어느 사이
백지 위에 쌓이듯

눈발이 돼가는
아름다운 세계가

소복이 쌓여
창을 열어준다

12월의 인사

험한 벼랑 끝에 걸린 듯
곡예를 하는
그 어떤 날들 속에서도

순간을 누리며
대자연 속에
잠시
희락을 찾아
웃음으로 피어

만남으로
얼굴 보이지 않아도
그리움의
자리가 말라가지
않는 꽃이 되어라

섭리

마음에 멍울져
터져 나올
꽃봉오리

아롱져 오르는
그 무엇이
탄성을 지를 듯

질곡의 심연에
한 덩이 응집이여
새순으로 돋게 되리

둘이서 오른 가을

"또르르"

산 다람쥐들 어디로 갔을까
도토리 떨어지니
온 산이 울리는
가을빛에 취하여
한 호흡 들이쉬니
초록빛 가슴
따라붙던 근심
흰 구름 타다

숨길을 열다

누아의 거리를 토박토박
작렬하는 가슴
스무디의 정담으로 식혀

사그라진 태양의 길 따라
서소문 바람이 숨길을 열다

사랑이 식어가는 그 거리에
백합으로 피어나 달려가네

맑은 하늘 닮은 이
평온 펴들고
향수 찾아 날아든 여정 맞이

가을 향기 되어
소망의 깃발로 휘날리네

봄의 얼굴

빛 고운 그녀들이
눈부시게 싱그러워

설레이는 꽃향기
청초한 울림으로

겨우내 흐트러진 들판에
아름다움을 일깨우네

새롭게 모양새 갖추는
마음의 소리 뽀로롱

달개비꽃

연둣빛 바다에서
성큼 반기며
뛰어들어오는 듯

얼굴 들이밀고
부쩍 큰 키다리처럼
늘씬한 몸매에
아기처럼 고개 내민
하이얀 얼굴에
남빛 날개
노오란 머리카락 날린다

고운 손길
긴긴 폭염에도
정성껏 주야로 뿌려주는
생명수에
상처 나고 찢기며
타들어 가는
여름 지나
넘실넘실 춤추며

정원을 덮어주었구나

그 여름 지나
구월의 초에 바람 부는 날
너의 초연한 자태에
상흔의 한시름 저 멀리
구름 따라 저어가네

5부

論에 붙인 시

일상을 바라보는
눈 속에서
우주를 품은
마음을
나 만나보고
시인의 꽃밭에
향기로운 별꽃
피어나리

세월의 향기

내리는 비가
시어詩語로 피어나는
방에서
눈으로 들려오는
세월의 향기 씻어 간다

시인의 창 1

어찌 이리 아름다운
마음의 창으로 세상
힘겨움을 곱디고운
꿈으로 표현할까요

기쁨의 눈은 연약함에
머무를 수 없군요

오늘도 순간순간마다
아름다움으로
소망을 주심에
흰 눈처럼 순결한
영혼으로 달려가리라

시인의 창 2

들풀을 바라보면
작은 우주가 깃들어
탄성의 노래 하늘로
솟아 오른다

아름다움은 고요히
들여다볼 때 보이는 세계

그 다양한 원형들에게서
모두에게 꽃을 피워내는
개성을 보게 되리라

시인의 창 3

언제든지 잠드소서
언제든지 전하소서
고된 영혼이 아니라
피곤도 치열한 꿈에
사르르 녹아져 가듯

인사 한마디 없어도
언제든지 노크 없이도
드리워 오소서
시의 날개여
날개 치며 날아오세요

기다림을 넘나들며
고단한 몸 시 한 수로
날개 달아 보내소서

시와 현악

선율 따라 흐르는
시의 날개여
오선
순전한 영혼의 언어여

넘나드는 푸른 바다에
뛰어오르는 희열이라

실체 속에서 다른 세계로
동화되어가는 창조의 모체

하늘빛 되어 노래 부르리

높은 곳으로
연 날려가니

황금빛 들판이
하늘을 향해 웃는다

아침을
아름다운 시로
열어가니

해맑은 영혼 되어
청아한 웃음으로

한 줄기
하늘빛 되어 노래 부르리

벗

오주*가 하늘 오리가 된 아침
너구리 즐겁고 기쁘네

웃음꽃 넘쳐 온 누리 퍼지니
연약한 몸과 맘 춤추고 노래하리

*시인의 지인으로 그의 별칭

달밤

도란도란
저 달빛 받은 얼굴들

혼돈의 시대 어둠 속
무너진 상아탑에
작은 불빛 비치우는 가슴들

문학의 모닥불 태우는
밤길을 걸어

달빛을 발하는
큰 나무 두 그루
신비한 아름다움의
소녀들 세계로
불러주는 시간 속 웃음

생명의 불꽃
치유의 금빛 열정이
활활 타오르는
모닥불 되리

외침

매봉산 봉우리 캄캄한 한밤중에
빛으로의 외침 꽃 같은 봉화자여

야만에 빼앗긴 나라 하나 되어 찾으려
평화의 만세시위 숭고한 희생이어라

일백 가지 더하는 잔혹한 고문 창살에
달빛 아래 물 고초 해 아래서 불고초리

고운 살 찢겨나가 살과 뼈의 외침 되네
짧은 생 불꽃 되어 태우고 태웠나니

대한의 하늘과 땅 아래에
그 사랑 눈물 되고 그 피가 불꽃 되었소

오직 독립만을 향해 달려나가
피 끓는 외침이여 대한 독립 만세

광복의 환희 안기우사 이 민족 빼앗긴
주권 다시 찾은 기미년 3 · 1절이여

덕진 산성

이천년의 태고적
유유자적 숨 쉬고
흐르는 평화

타들어 가는
가을빛
시월의 끝자락에
DMZ 풍경
가을은 빛나고

세월이 빠르게 가는 것 아니오
그 자리에 서 있는
내가 빠르게 달려가고 있다

새벽의 사람이 되어
동파리 마을에 가을의 사람

내 인생의 유레카는 무엇인가?
현상학적 의문을 순수 세계에서
찾아가는 친구

좋은 친구 곁에
벌과 나비
부지런히 찾아오네

빛의 출항

웅장하게 떠오르는
첫 일출

여명 속에 주홍빛
잉태의 전조들이련가

검푸른 바다는 결결마다
우주의 태를 창조하는 침묵

날마다 순간마다
달마다 이어지는
축제여라

잉태의 신비로운 위용과
출산의 숭엄함으로

거룩한 기다림
빛의 출항이여

하늘 뜻 따라서
세월 위에 당신이여

자아의 바다에 일출하여
생명선 어서 빨리 건져가세

은행알 하나도
제대로 심어야 할 것이 아닌가

눈 날리는 새벽
졸음과 따스한 뒤척거림
번개처럼 일어서네

어제는 접어 두었던 지인과
깨어나는 편안한 만남

생각을 들어보니
"난, 은행 한 알갱이 연천에 뿌리고 왔데이."

어~하면 사라지는 인생
은행알 하나도 제대로 심어야 할 것이 아닌가

돈이 많다고 여유로운 시간 갖겠는가
높은 자리에 있다고 자신과 마주하며
행복한 대화로 잠시 머물 여유 있겠는가

내가 들을 수 있는 것을 뉘게서 들을까
지나온 세월 속에 지금 여기까지
나를 품어오신 님이 계시다니

오늘에야 이 귀에 들려오다니
깜짝 놀랄 일이라오

내가 노년이 되고 백발이 돼가도
나를 품어줄 님이여
나를 지으신 님이여

6부

어머니 1

꽃 속에 효심
몽우리가
만개한 큰 꽃을
바라보는 마음

기쁨의 꽃밭으로
첫발 내딛으시니

어머니
벚꽃 피어나는 화사함
깊이 숨들이시고
기쁨 가득 품어내소서

어머니 2

어여쁜 심연
젖줄을 제게 물려주신
희생의 제물로 꽃피우는
그 이름이여

머슴도
쉴 시간 탐하건만
아낌없이 태우는
촛불처럼
비춰주시는
그 눈물 마르지 않는 헌신

꺼지지 않으시는
영원한 사랑의 샘

그대의 이름은
나의
어머니

비워놓은 방

식어버린 구들장
비워놓은 방
어려운 사람들

저리고 아픈 마음
고슴도치로
곁에만 가도 찌를 듯

작은 방 네 식구
힘들어도

게스트하우스
열쇠를 주시면서
마음 고운 어머니 돌아가시고
빈 방
어려운 이들을 위하여
드리겠다고

한가위

어머니와 함께 식사 즐거움을 물고
솔숲을 산책하는 걸음걸이
지난해보다 좋아지셔서
다행이시다

따가운 가을빛이 좋다
구찌뽕 열매 빨갛다
떨어진 열매 주워 입에 물고
달콤한 맛즙 짜물고
입안 가득 휘~익 날거라

작은 체구에 빛을 친구 삼아
그늘과 빛
사이를 오르내림이 한가로운 여정

어머니와 움푹 패인 묘지
풀을 제거하고 잘 정리해야 할
마음 훈훈한 가족사랑
정겨운 날

고양이 물 먹는 소리
잠을 청한다

태국 여행

창공에서 새운 밤이 지나
졸음이 하얀 눈까풀을
내릴 때
몇 글자 낡은 시상이
지워져 버렸다

꽃의 축제는 진실을 말한다
일만의 빛나는
눈동자들의 목마른
갈망이 치솟는다

불빛이 물결 위에 춤추는
유람의 나비들은 치솟는
열광으로 세상의 울분을
선상에서 태워버리고

막혀버린 출구에서
스러져갈 꽃들의 탈출 위한
액션을 취하라
깨든지 깨지든지

성숙의 깃발 날리자
낡은 것들은 따라오렴
뜻이 모아진 곳에
청량한 꽃피우러 가자

아야진항

힘차게 날아드는 갈매기
떠오르는 태양

연어들이 즐비한
아야진항

코끝에 바다 비린내가
향기롭다

거센 목소리들이
품어내는 해수
살아있는 역동의 날아오름

청국장

겨울밤
모락 김 오른 따뜻한 쌀밥에
청국장 살맛을 일랑이니
외로움도 둥근달 아래
웃으며 기운 더해가네

보리밥

커다란 그릇
입을 벌린다

오래된 집에는
겹겹의 세월
묻어나

인심 어린
어머니의 손길

장빛에
진갈색 추억이
어린다

배춧속 여행

늦가을의 매부리 바람이
게슈탈트의 조각난 파편 전경
가로수의 아름다움 수관들
흔들어버리는 순간들

약한 이들 마음 터 깊은 곳까지
스산하게 흔들지 말아 주렴

공허의 낙엽들 허기진 군중
모여들고 어디선가 갈 향기
메마른 숨을 위로하네
내일을 위해 끊어지려 갈한 숨에

굴뚝 연기는 없어도
들판 건너 날아온 노란 배춧속
된장 찍어
고소한 입속 여행으로

친구야
기운 차리세
기운 받아보게나

한 송이 해국

세계를 향해
천연의
주상절리의 용암

일천도一千度의 화산이 흘러
용암이 차가운 바다에
절절함으로…
한 송이 해국으로 피어났네

비췻빛 동해바다 길
내 가슴에 파도 소리

한해를 돌아보면서

신기한 내면세계입니다
돌아볼 수 있는 시간은
나의 정신세계 위에
영성이 입고 있는
컬러까지도
지울 수 있는 자기작업

고요한 레일 지나기
내 곁의 도미노가 갑자기 무너짐에
심혼의 파편이 무중력에서
다시 찔러와
멍한기에 들기
끝이 있을까
어떤 결과가 기다릴까

초록 바람이 몰려오고
먼 곳에 귀인이
날라오던 에어리어
색깔들의 만남
너무 예기치 않던
기쁜 학문의 출산
상아탑에서 초롱 거리는
제자들과의 시간

깊어가는 서정을 삼킨다

어찌나 튼실한지
아주 착한 가격에
랑의 머리보다 한배 반
우와
시장을 다 돌아도 만나지 못할
가을 무를 작은 마차에 가득

다음날 야심한 밤
아직도 싱싱하게 살아있는
길고 푸른 무청들
의자 위에서 나를 기다린 듯

무우청 가지런히 올려
건조기에 시간이 가며
그윽한 풀 내음이 바람 따라
깊이 코끝에 스민다

너는 어쩜 그리 단맛이니
또각 또각 부드럽게
칼도 춤을 추고

하이얀 무살들이
한 소담 가득

랑은 배와 양파를 윙윙 돌리고
파와 마늘들도 대령하여
붉은 고춧가루도 까나리액에
예쁘게 섞어주고

남해 청정에서 올라온 다시마와 멸치로
뽀글거리며 끓는 순간들
밤 깊어가고 깎두기에
시원한 바다 향이 그윽한 뭇국
잡곡 섞은 밥으로 늦가을 밤
깊어가는 서정을 삼킨다

작품 해설

자연과 일상의 사유와 통찰로 솟아나는 기쁨의 우물

姜笑耳(시인, 문학평론가)

| 평설 評說 |

자연과 일상의 사유와 통찰로 솟아나는 기쁨의 우물

姜笑耳(시인, 문학평론가)

1. 들어가는 말

바람은 왜 부는 것일까? 바람에게 묻지 않았다. 꽃은 왜 피는 것일까? 꽃에게 묻지 않았다. 시인은 왜 시를 쓰는 것일까?

산악인들에게 왜 산에 오르느냐고 물으면, "산이 거기에 있기에 오른다." 라고 할 것이다. 시인의 경우에 환위시켜 보면, 아리스토틀(Aristotle)은 "시는 인류에게 유익하고 신성한 것" 이라고 정의한 바 있다.

서양화가이며, 목사이며, 뇌과학 및 상담심리치료 박사인 최인경 시인은 화려한 프로필을 갖고 있다. 여러 영역에 열정을 갖고 치열하게 성취를 이룬 엘리트다. 그에게 "시를 어째서 쓰게 되었느냐? 관여하는 일도 다양하여 분주할 텐데…." 라고 묻지 않았다. 필자는 최인경 시인과 함께 길을 걸은 일이 몇 번 있었다. 그때마다 가던 길을 멈추고 살구꽃이나 벚꽃을 카메라에 담기에 바빴다. "어머나! 이것 좀 보세요." 잔잔하면서도 감탄에 찬 어조로 꽃에게 다가간다. 남들이 무심코 지나치기 쉬운 자연물에도 열린 감수성을 갖고, 자연물에게 말을 거는 듯했다. 그려놓은 그림을 필자筆者에게 보여준 적이 있다. 그중에는 달개비꽃이라든가 야생화 등도 있었다. 물론 달개비꽃을 시로도 썼다. 남들이 보지 못하는 것을 보고, 남들이 듣지 못하는 것을 듣는 게 시인의 감수성이다. 자연물뿐 아니라, 삶의 현장에서 느꼈던 일들이 예민한 감수성으로 최 시인에게는 그대로 시가 되었다. 어느 낭만주의 시인이 말했듯이, "가장 행복한 순간" 마다 시를 짓곤 한 것으로 보인다. 소소한 기쁨과 행복감이 시에 그대로 드러나 있으니 말이다. 물론, 역경의 순간도 있었을 것이다. 그것을 신앙과 기도로 이겨내려는 자기 치유의 시들도 여러 편 있었다.

최인경 시인에게 시는 곧 호흡과 같은 것으로 느껴졌다. 전철을 타고 가면서도 산에 가서도 여행지에 가서도 요리를 하면서도 곁에 어머님을 뵈면서도…. 일상생활 속에서 크고 작은 일들을 시로 지었다. 그에게 시는 호흡이고 지팡이고 기도임을 읽을 수 있었다.

최인경 시인은 그림을 그리는 화가이니, 미적인 감수성이 예민한 것은 물론일 것이다. 색채로 아름다움을 추구하는 예술 분야가 미술이라면, 문학은 글로써 아름다움을 담아내는 예술이다. 화가도 시인도 인류에게 보편적으로 정서함양 및 정신적 승화에 도움을 주기에 그 존재 가치는 동등하다고 하겠다. 색채로 미를 추구하듯이 언어로 미를 추구한다는 면에서는 그림과 시는 동궤同軌라고 하겠다. 그러나 소설이나 시나리오, 희곡, 수필 등과 같은 산문과는 달리, 시는 운율과 압축의 문학이다. 음악성, 회화성, 의미성(철학)을 갖추며 이미지의 형상화가 이뤄져야 한다. 여러 문학 장르 중에서 가장 높은 고봉高峯이며, 문학의 백미白眉가 시라고 하겠다.

은유, 직유, 이미지, 관념의 사물화, 아이러니Irony, 패러독스Paradox, 객관적 상관물objective correlative, 공감각적 심상, 이미지의 폭력적 결합, 낯설게 하기 등의 표현기교와 시적 장치를 능수능란하게 사용하는 게 현대 시의 경향이다. 어쩌면 이런 것들은 시의 멋 부리기일 수도 있다. 요즘 현대 시는 슈르레알리즘, 모더니즘, 포스트모더니즘, 하이퍼시, 디카시 등 다양한 양상을 보이기도 한다. 난해시가 난무하기도 한다. 그러나 시의 본령은 인간의 정서를 표현한 서정시일 것이다.

어쩌면 최인경 시인은 본인의 시에 시적 장치와 기교를 거부하고 있는지도 모르겠다. 화장을 하지 않은 맨 얼굴이 더 산뜻하고 아름답듯이, 최인경 시인의 시는 담백하다. 군더더기가 거의 없다. 쉬운 표현으로 정서적 사유와 성서적 묵상과 기도, 일상과 여행시를 쓰고 있다. 그리고 울림과 감동을 주고 있다. 최인경 시인의 시의 면면을 살펴보도록 하자.

2. 시편 들여다보기

가. 일상과 자연 속에 서정적 사유

생강사람

들녘에 하이얀 서리 내리니
바람 불어 내심 서려올 때

낙엽 딩구르는 길가에
스산한 마음에 1도 올리고파

올해는 생강 사랑이 포르르
나의 생애에 아낌없이
사들이던 날들이라

제멋대로 자유로운 모양들
말을 걸어오고 재미있다더니

세상 풍파에 울퉁불퉁하니
거칠기까지 한 피부에
검게 묻드러져도 냄새는 없다만

묻은 흙덩이 사이사이
틈바구니에 끼인 것들

흐르는 물에 씻기고 벗겨내고
속속들이 다듬어 내기를
예날 밤을 지새우더라

울 아기 어린 시절 목욕시키며 이쁜
손잡듯 매끈매끈 곱기도 하구나

그 속에서 물끄러미 바라보게 되니
울림이 메아리치네
생강 허물 벗겨내듯 내 허물 바라보며
씻어내고 씻겨내어 새롭게 태어나리

– <생강 사람> 全文

"들녘에 하이얀 서리 내리니/ 바람 불어 내심 서려올 때/ 낙엽 딩구르는 길가에/ 스산한 마음에 1도 올리고파" 누구나 스산한 마음이 일 때가 있을 것이다. 쓸쓸한 심회의 정서다. 마음에 1도를 올리고 싶어서 생강을 아낌없이 사들였다고 했다. 밤을 지새우면서 생강 껍질을 벗긴다. 생강은 울퉁불퉁하고 거칠기까지 한 껍질을 가졌다. 흙덩이 사이사이 틈바구니에 끼인 것들을 흐르는 물에 씻고 속속들이 다듬는다. 뽀얗고 매끈매끈한 속살이 곱게 드러난다. 여기서 최 시인은 "울 아기 어린 시절 목욕시키" 던 장면을 회상한다. 회상에서 그치지 않고 "생강 허물 벗겨내듯 내 허물 바라보며/ 씻어내고 씻겨내어 새롭게 태어나리" 라고 다짐한다.

주부라면, 누구나 생강을 씻고 껍질을 벗기는 일을 해보았을 것이다. 틈바구니에 끼인 흙덩이를 파내면서 그 작업이 수월하지 않은 것에 짜증이 날법하다. 그러나 생강의 허물을 벗겨내듯 우리 내면에 끼어있는 흙덩이, 즉 허물을 벗겨내고 새롭게 태어나고 싶다는 사유로 이어진다. 일일삼성一日三省의 태도라고 하지 않을 수 없다. 내면의 허물을 벗겨내고 마음이 편안하게 새로워지는 게 모든 이들의 소망일 것이다. 해서 사람들은 주일마다 교회를 찾고, 산이나 바다를 찾고, 사찰을 찾아 자신을 성찰하고 자신의 번뇌나 염려(허물)를 모두 다 벗어내고 새 희망과 확신으로 새로워지고 싶은 것이다. 단순하지만 복잡한 생강 껍질 벗기는 작업에서 "새롭게 태어나" 고 싶은 우리 모두의 바램 - 삶에 대한 통찰력으로 확장되어 공감을 얻어내고 있다. 사유가 깊은 시다. 이 시는 2022년 제12회 국민일보 신춘문예에서 영예로운 우수상으로 당선된 시다. 전국에서 몇천 편이 모인 응

모작 중에서 선정될 만큼 사유가 돋보이는 작품이다.

산

산을 가본 적이
오랜만이다
바스락 낙엽 위를
걸은 오후
새가 된 것 같이
날아갈 듯

- <산> 全文

오랜만에 산에 가본 시인은 바스락 낙엽 위를 걷는다. "새가 된 것 같이 날아갈 듯" 하다. 자연과의 동화同化다. 물아일체物我一體다. 산에 오르기 전에 짊어지고 있었던 모든 문제들을 모두 다 잊고, 바스락 낙엽을 밟으며 한 마리 새로 동화되어 물아일체를 노래하고 있다. 이 시를 읽는 독자들은 모두 산을 찾아가 바스락 낙엽을 밟고 싶을 것 같다. 사뿐하게 새가 된 듯이, 마음에 얽매임 없이 자유로워진 기분이 될 것 같다. 산에는 시장이 서질 않는다. 맘몬[1] 신이 지배하지 않는다. 권력도 명예를 탐하는 어떤 것도 없다. 그저 나무들과 새의 지저귐, 햇살만이 있을 뿐이다. 자연 속에 동화되어 나를 내려놓는 헤테로토피아의 공간이 되기도 한다. 헤테로토피아는 일상적인 공간이 아니다. 일종의 현실화된 유토피아이며, 모든 장소의 바깥에 있는 장소이

1) 아랍어에서 기원한 말로써, 부(富), 돈, 재물, 이익이라는 뜻을 지닌다. 마태복음 6 : 24 단순히 재물 부(mammon)을 가리키기도 하고, 재물의 신(Mammon)을 가리키기도 한다.

다. 미셸 푸코[2] 는 이것을 현실에 존재하는 이상적인 공간이라고 했다. 예를 들어, 다락방, 인디언 텐트, 거울, 도서관, 묘지, 사찰이나 성당, 산, 바다, 교회 등이 될 수 있다. 일상의 내가 이 공간에 가면 자신을 내려놓고 삶을 성찰하는 공간이 되기 때문이다. 한가로운 오후, 소유도 집착도 욕심도 내려놓고, 가벼운 마음으로 산을 찾아 우리도 새가 되어보면 어떨까?

W. 워즈워드[3]는 "모든 좋은 시는 강한 감정의 자연 발생적 표현" 이라고 했다. 소쉬르[4]는 "시인의 감정은 언어에 담기지 않기 때문에 그것과 유사한 사물, 사건, 장면을 찾아 독자에게 제시해야 하며 객관적인 상관물에 이입시켜 주관적인 감정을 객관화시키는 것이라고 했다. 이것이 New Criticism의 형식주의 맥락이다." 라고 주장했다. 위의 시 〈산〉의 시적 자아 – 화자話者인 최 시인은 "새" 라는 자연물에 감정 이입하여 자신의 홀가분한 감정 – 염려와 번뇌에서 자유로워져서 훨훨 날고 싶은 감정을 "새(자연물)" 와 하나가 되고 있다. T.S. 엘리어트는 "예술의 형식으로 정서를 표현하는 유일한 방법을 객관적 상관물" 이라고 했다. 프랑스의 언어학자 소쉬르는 "우리가 일상에서나 문학 작품에서, 표현하고자 하는 의도(기의)는 표현 언어(기표)

---

2) 1926. 10. 15.~1984. 6. 25. 프랑스의 철학자. 권력 지식 담론과 같은 개념을 고고학 계보학적 방법론을 사용하여 사회를 비판적으로 분석했다. 문학과 관련된 저서로는 「언어와 사물」(1966)이 있다.

3) W. 워즈워드 1770.4.7.~1850.4.23. 영국 낭만파 시인. 시인 스스로의 감정의 발로만이 진실한 것이며, 소박하고 친근한 언어야말로 시에 알맞은 언어라고 하며, 18세기식 기교적 시어를 배척함.

4) 1857.11.26.~1913.2.22. 스위스의 언어학자. 기호학자로 구조주의 언어학과 현대 기호학의 창시자다.

로 다 담아내지 못한다" 고 했다. 다시 말하면 표현하고자 하는 기의(記意-시니피에signifier)는 기표(記票-시니피앙signifiant)에 미끄러지게 마련이다. 말하고자 하는 의도가 표현되는 언어에 모두 담기지 않는다는 것이다. 시인이 표현하고자 하는 의도가 시어에 모두 담기 힘들다 해도 "새가 된 것 같이/ 날아갈 듯" 이라는 표현 속에 시인의 의도가 다 녹아있다고 보인다. 〈산〉은 사유와 통찰이 응축된 수작秀作이다.

고풍의 옷 영혼에 입히리

보내야 하는 삶의 뒤안길
애수에 찬 거리마다의 하강
또 다른 간절한 부름에의 초대

추수하는 감사와 기쁨의 계절
바람은 차갑게 스미어들며
장엄한 대지의 환원 속으로

내 부르는 소리에
내면의 감성체들
나 당신의 손길마다 탄성을 담아
고풍의 옷 영혼에 입히리

– <고풍의 옷 영혼에 입히리> 全文

거리마다 낙엽이 지는 가을 풍경이 상상되는 시다. 거리마다 낙엽이 하강한다. 낙엽이 지는 것에서 - 애련의 감성에만 머물러 있지 않고 최 시인은 "보내야 하는 삶의 뒤안길" 로 승화해

내고 있다. 애수에 찬 거리라고 했다. 낙엽이 하강하는 것을 보면 마음이 쓸쓸해진다. 애수에 찬 슬픔이 느껴진다.

현대에 와서 에드가 엘렌 포우, 보들레르, 말라르메, 발레리 등에 의해서 서정시가 하나의 장르로 형성되었다. 애련의 감성은 인간의 정서에 카타르시스를 주는 시의 정수精髓다.

최 시인은 낙엽의 조락凋落은 파국이나 끝을 말하는 종말이 아니라고 보고 있다. "또 다른 간절한 부름에의 초대" 라고 했다. 영국의 시인, 쉘리(Percy Bysshe Shelley)의 '서쪽에서 부치는 노래(Ode to the West Wind)' 의 마지막 구절이 떠오른다. "겨울이 오면 봄이 어찌 멀었으리?(If winter comes, can spring be far behind?)" 이 구절도 겨울은 봄을 준비하고 있음을 극명하게 보여준다. "바람이 차갑게 스미어들" 지만 "대지의 환원" 속으로 돌아가는 낙엽을 최 시인도 간파하고 있다. 낙엽이 썩어 거름이 되어 새봄에 새순으로 다시 환원하는 자연의 순환, 섭리를 최 시인은 보고 있다. 이것을 "당신의 손길" 로 보고 있다. 조물주, 하나님의 손길을 보며, 하나님의 손길마다 탄성을 지른다. 여기서 더 나아가 고풍의 옷(낙엽)을 영혼에 입힌다. "낙엽" 을 "고풍의 옷" 에 연결하는 은유(metaphor)의 힘을 보게 된다. 습기가 메말라 낡고 건조해진 낙엽을 영혼에 입힌다고 했다. 부엽토腐葉土가 되어 새봄에 나올 새순을 고대하는 영혼, 즉 과거의 허물이나 잘못을 모두 벗어버리고 새로운 새 사람으로 거듭나는 재생再生-rebirth을 함유하고 있다. 군더더기 없는 짧은 시 구절 속에서 재생의 원형原型-Archetype을 보이고 있다. 재생의 사전적 의미는 "죽게 되었다가 다시 살아남, 낡거나 못 쓰게 된 물건을 가공하여 다시 쓰게 함" 이다. 봄에 새순이 돋았던 나뭇잎은 태양의 양기를 듬뿍 받고 여름에는 녹음이 우거진다. 여름철 장마를 지내면 더욱 왕성한 짙푸른 녹음이 된다. 그러나 기온이 낮아지고 건조해지면, 습기를 잃은 나뭇잎들은 조락을 맞는다. 나뭇잎들의 종말이다. 그러나 조물주(당신)는 새봄을 다시 새순으로 환원시킨다. 재생 – 다시 살아남이다. 신화적 원형이다.

K. Jung은 모든 인간의 공통된 무의식을 집단 무의식 즉 원형原型-Archetype이라 말하며 원형에는 출생, 죽음, 재생, 권력, 어머니, 대지, 상징, 꿈, 환상, 신화 등을 꼽고 있다. 〈고풍에 옷 영혼에 입히기〉라는 짧은 시 속에서 최 시인은 낙엽의 죽음 – 새봄에 다시 재생할 새순의 부활을 보고 있다. 일반인들은 지는 낙엽을 보며, 마음 쓸쓸해 하며 지내기 일쑤다. 그러나 최 시인은 여기서 그치지 않고, 고풍의 옷을 영혼에 입히고자 하는 거듭남을 갈구하고 있다. 또한 당신(조물주 하나님)의 손길마다 탄성을 담아 "고풍의 옷을 영혼에 입히리" 라는 통섭의 증폭을 보인다. 토마스 머코올리는 "시란 화가가 색채로 하는 것을 언어로 하는 예술로써 상상력에 의하여 환상을 산출하는 예술이다." 라고 했다. "낙엽 – 대지의 환원(재생과 부활) – 고풍의 옷(낙엽)을 영혼에 입히기" 로 상상력이 증폭되며 영혼의 거듭남으로까지 끌고 간다. 시인의 깊은 사유에 깊이 공감하는 바이다.

마음의 온도

기온이
떨어지는 11월마음의 온도
가슴에서
고운 웃음 피어나
창조의 사색들로

불 밝히소서

– <마음의 온도> 全文

11월이 되면 기온이 떨어진다. 마음마저 쓸쓸해진다. 그러나 마음이 스산하고 마음이 춥다는 것을 마음의 온도로 표현했다. 마음의 온도가 하강해도 "고운 웃음 피어나/ 창조의 사색들로/ 불 밝히소서" 라고 기원하고 있다. 최인경 시인은 서두에서 밝힌 대로, 서양화를 전공한 시인이다. 가슴에서 고운 웃음 피어나 그림을 그리거나 시를 쓰며 창작의 예술혼 – 불을 밝히는 시인의 승화의 방법을 시로 묘파하고 있다. 유협劉勰[5]은 문심조룡文心雕龍[6] 에서 다음과 같이 말하고 있다. "낙엽 하나도 마음속에 생각을 일으키며, 풀벌레 소리만으로도 마음을 끌기에 족하다." 고 했다. 기온이 떨어지는 기후의 변화에 마음속에 생각(가슴에서 고운 웃 피어나 창조의 사색들로 불을 밝히고 싶은 의욕)이 창조의 의욕으로 일어나길 소망하니 최 시인은 뼛속까지 예술가인 모양이다.

나. 성서적인 사유와 기도문으로 승화된 시편들

황금보다 귀한 것

탐욕이 불확실성 시대에
불법으로 거짓을
보자기로

---

5) 중국 육조시대의 양나라의 문예평론가. 공부하는 것을 좋아하여 10년 동안 정림사에 거주하며 많은 책을 읽었고 5년에 걸쳐 「문심조룡」을 완성하였다.
6) 중국 6조 시대의 문학평론서. 10권 50편. 중국에서 가장 오래된 시문(詩文) 평서다.

싸매는 세상에서

우리 앞만 보고 달리던 삶을
멈춰 볼 수 있으면 좋을 것이라
맘에 세상에서는 얻을 수
없는 것들이 끝없으나
님을 주인 삼은
청빈한 삶을 노래합니다

홀연히 오실 신랑을 맞이할
사모하는 기름을 준비하는 것이
황금보다 귀한 것

나 허망한 것들에서
건너게 하소서

–<황금보다 귀한 것> 全文

진솔한 기도문이다. 불법으로 거짓이 세상에 난무한다. 세상은 탐욕으로 가득하다. 물질에 대한 탐욕, 자리 승진과 출세에 대한 탐욕, 명예에 대한 탐욕, 지배하고자 하는 탐욕, 군림하고자 하는 탐욕 등…. 탐욕을 향해 "앞만 보며 달리던 삶을/ 멈춰 볼 수 있으면 좋을 것이라" 고 했다. "맘에 세상에서는 얻을 수/ 없는 것들이 끝없" 다고 했다. 감사하는 마음, 선행을 베풀고자 하는 마음, 공익을 위해 자선을 베풀고자 하는 마음, 봉사하고자 하는 마음…." 들이다. 더 나아가, 시인은 하나님을 주인 삼아서 청빈한 삶을 노래한다. "홀연히 오실 신랑을 맞이할/ 사모하는 기름을 준비하는 것이/ 황금보다 귀한 것" 이라고 했다. 그러므로 "나 허망한 것들에서/ 건너게 하소서" 라고 기도한다.

세상 해 아래 있는 것들은 모두 헛되고 헛되므로, 허망한 것들에서 건너 주님을 사모하여 기름을 준비하게 해달라고 간구한다. 4연에 "님을 주인 삼은/ 청빈한 삶을 노래합니다" 라고 했다. 위에서 언급했던 대로 탐욕과 불법, 거짓으로 얻은 불의의 재물을 쫓아 재물을 섬기는 맘몬Mammon 신을 떠나, 7연 "허망한 것들에서 건너" 하나님을 주인 삼아 청빈한 삶을 노래하고 있다. "하나님과 재물을 겸하여 섬기지 못한다.(마태복음 6 : 24)" 성경 구절을 생각나게 하는 시다. 허망한 것들에서 건너, 하나님을 주인 삼는 청빈한 삶을 추구하라는 성경 말씀을 실천하고자 하는 기도문이다. 안빈낙도安貧樂道의 동양 정신과도 통하는 맥락이다. 공자는 3천 제자 중에 특히 안연顔淵을 사랑하여 이렇게 상찬하였다. "안연은 현철賢哲하도다. 한 그릇의 밥과 한 그릇의 국을 마시며 뒷골목에서 가난하게 살고 있다. 다른 사람들은 그러한 곤궁함을 견디기 어려워하지만, 안연은 성현의 도를 즐기면서 유유자적하게 살아간다. 훌륭한 안연이여"

어쩌면, 이 시는 목사님이기도 한 최인경 시인의 정체성(Identity)을 극명하게 천명하는 시일지도 모른다. 탐욕, 불확실성 시대, 불법, 거짓, 황금, 허망한 것이라고 하는 세속적인 것 ↔ 세상에서 얻을 수 없는 것들, 님을 주인 삼는 청빈한 삶, 신랑을 맞이할 사모하는 기름을 준비하는 것의 대조적인 상극의 구조를 보이는 시이다. 지옥 ↔ 천국이 상극의 구조로 대립 항을 이루는 것과 같은 구조다. 목사님다운 삶의 통찰력과 기도문이다. 기독교 신앙을 갖고 있는 신앙인들에게 널리 공감을 받을 시라고 생각된다. 상극의 대조적인 구조를 갖고 있는 다음 시도 감상해 보자.

너 바라는 것이 무엇인가

길을 찾을 수 없는 사람아
높은 자리에서 그대의 앞날을
볼 수 있겠는가

빚지고 가난한 사람아
괴로운 날에서 건져질 것이라

빈 하늘 바라봐도 보이지 않으나
기쁨이 바람처럼 휘감게 되리라

너 바라는 것이 무엇인가
눈물로 지켜보신 뜻을 헤아리라

– <너 바라는 것이 무엇인가> 全文

이 시도 기독교인들은 누구나 드리고 싶은 기도문이 될 것이다. “빚지고 가난한 사람아/ 괴로운 날에서 건져질 것이라” 고 했다. “빈 하늘 바라봐도 보이지 않으나/ 기쁨이 바람처럼 휘감게 되리라” 라고 했다. “너 바라는 것이 무엇인가/ 눈물로 지켜보신” 주님의 “뜻을 헤아리라” 라고 했다. “길을 찾을 수 없는 사람 ↔ 괴로운 날에서 건져질 것이고, 빚지고 가난한 사람 ↔ 기쁨이 바람처럼 휘감게 된다. 빈 하늘 바라봐도 보이지 않음 ↔ 기쁨이 바람처럼 휘감는다.” 라는 구조의 대조를 이룬다. 그러나 궁극에는 “눈물로 지켜보신 뜻을 헤아리라” 라는 결론에 다다른다. “너 바라는 것이 무엇인가” 라는 질문으로 시작하여 고난 당하는 이들이 “눈물로 지켜보신 뜻을 헤아리라” 는 답을 제시하고 있다. 이 시는 곡을 붙여서 많은 신앙인들이 찬송가로 불러도 좋을 것 같은 공감이 인다. 다음의 시는 목사님다운 감사와 겸손이 느껴지는 시다.

하늘을 타다

아침 해가 뜨는 것을
보는 것은 보통 일인가

시소가 높이
오르는 것처럼 신난다

내가 크게 흔들릴 때는
나 바람처럼 홀로 떠돌 때

발걸음 벼랑 끝에 이르고
부르짖었더니 하늘을 타다

– <하늘을 타다> 全文

짤막한 시에서 겸손한 감사의 사유가 느껴진다. "아침 해가 뜨는 것을 보는 것" 은 "보통 일" 이 아니라고 했다. "시소가 높이/ 오르는 것처럼 신난다" 고 했다. 건강하게 아침 해를 맞는 것을 감사해 한다. 그리고 "크게 흔들릴 때" , "바람처럼 홀로 떠돌 때// 발걸음 벼랑 끝에 이르고/ 부르짖었더니 하늘을 타다" 고 했다. 고난과 역경, 환란을 당해 벼랑 끝에 이르렀을 때, 하나님께 기도로 부르짖었더니 시소를 타듯이 하늘을 타고 기쁨이 충만해져서 신이 난다는 뜻이다. 군더더기 없이 간결한 시다. 생략과 압축 속에서 응축된 메시지를 전하고 있다. 이 시 또한

범사에 감사하며, 고난 중에는 기도로 이겨내면 하늘의 기쁨으로 채워진다는 사유를 담은 시다.

귀 기울여야

앙상한 가지에 외로운 바람
가난한 마음을 두드리니
나 누군가 부릅니다
마주하고 싶습니다

당신과
대화가 메마를 때
내 영혼 고갈되니
날 부르소서

보이지 않는
만질 수도 없는
님이여
보이는 것 저 너머에 계신
희망으로 달려갑니다

– <귀 기울여야> 全文

장 폴 샤르트르[7]는 "실존은 본질에 선행한다" 는 명언을 했다. 본질적인 가치나 관념보다는 '나' 라는 사람 자체가 중요하다는 의미이리라. 이 시의 화자는 "나 누군가를 부" 른다. 실존하는 존재자이기 때문에 끝없이 외로운 바람, 가난한 마음을 두드리게 된다. 앙상한 가지에 외로운 바람이 인다. "가난한 마음

7) 1905.6.21.~1980 프랑스의 철학자이며 소설가, 극작가. 실존주의 철학의 창시자.

으로 누군가를 부릅니다. 마주하고 싶어서" 다. 마르틴 부버가 말하는 인격적인 만남을 갈구한다. 누군가(상대)와의 내면의 전인격적인 만남을 통해 허전한 마음이 채워지고 내면이 바뀌고 성장하고 싶다는 진정한 만남을 희망하는 것이다. 실존적인 고독에 위안을 얻고 싶은 갈망일지도 모른다. 더 나아가 절대자 앞에 단독자로서 신과 마주하고 싶은 것이다. 하나님과 대화(기도)가 메마르면 고갈되니 "날 부르소서" 라고 했다. 기도의 시간, 기도의 공간으로 나아가 절대자 하나님 앞에 자신을 내려놓고 싶은 것이다. "보이지 않는/ 만질 수도 없는/ 님" 곧 하나님은 기도하면 "보이는 것 저 너머" 에서 현상계 너머에서 응답하실 것이므로 "희망으로 달려" 가는 것이다. 앞에서도 언급했듯이, 최인경 시인은 서울신학대학원에서 공부했다. 군더더기 없이 짧은 시 안에 하나님과의 소통 – 기도로 영혼이 고갈되지 않길 소망하며 저 너머에 계신 희망(하나님)을 담은 영성靈性을 노래하고 있다.

갈함

영혼아 생명의 기쁨이 무엇인지 맛보았던 너
샘이 말라 갈함이 연속 이어지는구나

마음아
기갈하여 쓰리고 공허함으로 타들어가
몸부림치나 삶의 즐거움이 잡을 수 없는
곳으로 사라졌구나

육체여
가뭄에 쩍쩍 살점이 갈라져 가는 듯

어둠이 스올에서 내 발목 잡으니
황폐의 연기로 질식하겠구나

생기의 근원이신 당신이여
이 흐르는 강이 말라 타들어갑니다

기쁨의 성소이신 님이여
오른손으로 나를 끌어내주셔야
내 숨이 돌아오겠습니다

나를 빼내어 주소서
나를 건져주소서

- <갈함> 全文

이 시도 뜨거운 기도문이다. 이 시에서는 여섯 가지의 극한 상황이 제시된다. 첫째, 샘이 말라 갈함이 연속됨. 둘째, 기갈하여 쓰리고 공허함. 셋째, 가뭄에 쩍쩍 살점이 갈라져 가는 듯함. 넷째, 어둠이 스올에서 발목을 잡음. 다섯째, 황폐의 연기로 질식할 것 같은 상황. 여섯째, 강이 말라 타들어 감. 이런 처절한 절망 속에서 "생기의 근원이신 당신"을 찾는다. 그분은 "기쁨의 성소"이며 "오른손으로 나를 끌어 내주"시는 분이다. 그분이 "나를 끌어 내주"고 "빼 내주"시고 "건져 주"시길 간구하는 간절한 기도문이다. 살아가면서 환난과 고난을 겪지 않는 사람은 없을 것이다.

"스올"은 죽은 사람들이 가는 처소이다. 어둠이 죽음과 같은 고통으로 발목을 잡는다고 했다. 그러나 어둠 속에서 건져주시길 간구하는, 호곡號哭하며 절규하는 구절을 통해서, 고난받고 있는 이들에게 공감과 위로가 될 시다. 그러나 기쁨의 성소에서 오른손으로 끌어내 주실 님(전능하신 하나님)이 계시기에 우리는 절망하지 않는다. 생명의 기쁨이 무엇인지를 아는 신앙인은 영혼이 기쁨으로 충만하게 될 것이다. 고난당할 때 울부짖으며 기도했던 욥[8]을 연상하게 해주는 시다. 절절한 호곡의 시에 누구나 공감할 것이다.

지성소

어둠이 깊은 곳에서
당신의 마음을 담은 나의 몸

자주 너무도 자주
잘못과 실수로 넘어집니다

삶의 방향이
다른 이들에게서

매이거나 생을 같이하며
공동책임을 지는 것에
빠지지 않도록 새기며

내 마음에서 계시는
당신을 늘 기억하게 하소서

빛이시며
님 안에서 대화를 나누며

8) 구약성서 욥기의 중심인물로서, 에돔 지방 우스 출신 족장 시대의 인물로 추정된다. 노아, 다니엘과 함께 구약 시대를 대표하는 의인이며, 시련과 인내의 대명사로 간주된다.

사귀게 하소서

당신을 누리고
당신과 동행하게 하소서

님은 나의 주인이십니다
나는 당신의 자녀입니다
이 약속으로 믿고 두려워하며
온갖 것에서 더럽혀지는 몸을
깨끗케 하소서

– <지성소> 全文

지성소는 성막(성전) 안에서도 가장 안쪽의 거룩한 처소를 말한다. 하나님이 임재하시는 처소이다. 우리는 예수 그리스도를 주님이라 부른다. 우리 생에 주인이라는 뜻이다. 그리스도의 마음을 담은 우리의 몸이 자주 잘못과 실수로 넘어진다. 그 가운데서도 우리 마음에 계시는 당신(예수님)을 기억하게 해달라고 기도한다. 그리스도 안에서 대화 나누며 사귀게 해달라고 시인은 기도하고 있다. 예수님을 누리고 예수님과 동행하게 해달라고. 예수님은 시인과 우리들의 주인이시며, 우리들은 예수님의 자녀라는 고백이다. 더 나아가 온갖 것에서 더럽혀지는 몸을 깨끗게 해주실 것과 불신의 자리에서 나와 죄악에서 떠나게 해달라고 기도하고 있다. 삶의 여정 속에서 흔들리며, 잘못과 실수로 넘어지는 연약함을 고백하고 있다. 신학을 공부한 목사님이면서도 겸손하게 연약함을 고백하는 시에 누구나 공감할 것이다. 그리고 이 시에서 기도하는 기도문도 누구나가 드리고 싶은 기도문이 될 것이다. 많은 이들에게 공감될 시다.

다. 역사 여행 시

J.R. 실리는 「영국 정책의 성장」중에서 "역사란 지나간 정치요, 정치는 현재의 역사다." 라고 정의한 바 있다. M.T. 케고르는 자신의 역사관에 대해 "역사는 참으로 시대의 증인이요, 진실의 등불이다." 라고 정의한 바 있다. "역사는 세월의 흐름을 입증하는 증인이다. 그것은 현실을 밝혀주며, 기억에 활력을 주며, 일상생활에 지침이 되며, 우리들에게 고대인들의 소식을 전해준다.(History is the witness that testifies to the passing of time : it illuminer reality, vitalizes memory, provides guidance in daily life, and brings us tidings of antiquity.)" 라고 했다.

덕진 산성

이천년의 태고적
유유자적 숨 쉬고
흐르는 평화

타들어 가는
가을빛
시월의 끝자락에
DMZ 풍경
가을은 빛나고

세월이 빠르게 가는 것 아니오
그 자리에 서 있는
내가 빠르게 달려가고 있다

새벽의 사람이 되어

동파리 마을에 가을의 사람

내 인생의 유레카는 무엇인가?
현상학적 의문을 순수 세계에서
찾아가는 친구
좋은 친구 곁에
벌과 나비
부지런히 찾아오네

– <덕진 산성> 全文

덕진 산성은 경기도 파주시 군내면에 위치해 있는 산성이다. 고구려 때 축조된 것으로 추정된다. 덕진 산성은 임진강을 끼고 있으며 DMZ(demilitarized Zone 민통선 비무장 지대) 안에 있다. 휴전선으로부터 남 · 북으로 각각 2km 떨어져 있는 곳으로, 민간인의 출입이 통제되어 있다. 1953년 이후 통제되었기에 거의 70년 동안, 환경 오염이나 환경이 파괴되지 않은 곳이다. 때문에 어류뿐 아니라 멸종 위기에 처해 있는 동식물도 다수 서식하고 있다. 이곳은 신분증을 맡기고 출입이 잠시 허락되기도 한다. 이곳을 찾았던 최 시인은 "이천년의 태고적" 고구려 산성山城 풍경을 보면서, 평화를 느낀다. 10월 타들어가는 가을 빛 끝자락에 DMZ의 풍광은 고요함과 고즈넉함을 보존하고 있었을 것이다.

세월이 빠르게 지나가고, 산업화와 도시 개발을 통해서 세속화된 풍광과 사뭇 동떨어진 풍광. 아마도 현상학적인 의문을 DMZ 여행으로 순수 세계를 찾아가는 친구와 동행했나 보다. 그 친구의 인간성의 향기가 그윽하여 벌과 나비가 부지런히 찾아온다고 표현했다. 덕진 산성은 DMZ 속에 위치하여, 자연 풍광 그대로 보존된, 고구려 산성을 보고 "바로 이곳이다."라는 발견의 기쁨 (유레카의 기쁨)을 얻었던 곳으로 짐작된다. 산성에 오르면 멀리 강화도와 파주, 북한의 원주까지 내다보이니, 유레카를 외칠 만했을 것이다.

고구려는 북방 외세의 침입을 많이 받은 민족이다. 고구려가 한강 유역을 차지했던 시절, 외세의 침입을 막고자 임진강 주변에 덕진 산성을 쌓았던 것으로 짐작된다. 우리 민족의 뼈저린 고난사, 역사 현장에서 시인은 이천 년 전, 태고적 풍광 속에서 "유유자적하게 숨 쉬고 흐르는 평화"를 느끼고 있다. 누구나 방문해 보고 싶은 호기심과 동기력을 갖게 해주는 우수한 기행시다.

라. 어머니의 원형原型

어머니 2

어여쁜 심연
젖줄을 제게 물려주신
희생의 제물로 꽃피우는
그 이름이여

머슴도
쉴 시간 탐하건만
아낌없이 태우는
촛불처럼
비춰주시는
그 눈물 마르지 않는 헌신

꺼지지 않으시는
영원한 사랑의 샘

그대의 이름은
나의
어머니

– <어머니 2> 全文

최인경 시인의 시에는 어머니를 소재로 하는 시들이 많다. "어머니"라고 하는 큰 별이 최 시인의 무의식 – 의식에 크게 자리하고 있음을 알 수 있다. 어머니는 우리 모두의 존재의 근원이다. "어머니"라는 시어만 떠올려도 애련, 연민, 사랑과 존경의 마음이 떠오른다. 〈어머니 2〉에서 "어여쁜 심연/ 젖줄을 제게 물려주신/ 희생의 제물로 꽃피우는/ 그 이름이여"라는 구절을 보자. 시인에게 있어서 어머니는 더욱 그러한 희생과 사랑의 대명사이자 시심의 원천이 되고 있다. 시인에게 영적으로도 영원히 존재하게 될 '어머니'라는 심상을 통해 인류를 위해 희생하고 헌신한 예수 그리스도를 떠올리게 된다. "머슴도 쉴 시간 탐하건만/ 아낌없이 태우는/ 촛불처럼/ 비춰주시는/ 그 눈물 마르지 않는 헌신"의 구절을 보자. 머슴도 쉬어가며 일을 한다고 했다. 그러나 어머니는 쉬지 않고 아낌없이 촛불처럼 자식들을 위해서 헌신한다. 그 눈물이 마르지 않는다. 애련하다.

W.H. 오든이 말하는 "시는 애련 속에서만 존재한다."는 말이 생각난다. A.E. 하우스만은 "시의 기능은 세계의 슬픔과 조화시키는 것이며 애련과 슬픈 정서야말로 서정의 극대화"라고 했다. 어머니의 자식들을 위한 헌신과 희생에는 웃음만 넘치면 좋으련만, 거기에는 눈물의 애련한 슬픈 정서가 있다.

최 시인은 "희생의 제물로 꽃피우는/ 그 이름이여" 라고 했다. 어머니 = 희생의 제물이다. 그러나 제물로 끝나지 않고 꽃피운다. 아무도 희생을 강요하지 않으나, 어머니는 자식들을 위해 기꺼이 희생의 제물로 당신들의 삶을 꽃피운다. 이 구절도 인류를 구하기 위해 십자가에서 희생 제물이 되셨던 예수 그리스도를 떠오르게 한다. 또한, 어머니 = 영원한 사랑의 샘이다. '어머니' 라는 절대절명의 명제 앞에 마음이 고요해진다. 그래서 어머니에게 감사의 마음이 우러나는 시에 누구나 공감할 것이다.

어머니 1

꽃 속에 효심
몽우리가 만개한
큰 꽃을
바라보는 마음

기쁨의 꽃밭으로
첫발 내딛으시니

어머니 벚꽃 피어나는 화사함
깊이 숨들이시고
기쁨 가득 품어내소서

— <어머니 1> 全文

이 시의 분위기는 〈어머니2〉와 사뭇 다르다. 똑같이 '어머니' 를 소재로 하고 있지만, "꽃 속에 효심, 몽우리가 만개한 큰 꽃, 기쁨의 꽃밭으로의 첫발, 벚꽃 피어나는 화사함, 기쁨 가득 품어내소서" 로 화사한 꽃밭에 기쁨이 넘치고 있다. 이 세상에 모든 어머니들이 모두 이처럼 기쁨으로만 가득했으면 좋겠다는 열망이 들게 하는 시다. 아이를 잉태하는 순간부터 출산과 육아의 고단한 수고를 아끼지 않는 모성은 강하고 강하다. 여성은 약하지만, 모성은 강하다는 말이 나올 정도다. 자식을 위해서 희생하고 헌신하는 세상의 모든 어머니들에게 꽃처럼 기쁨이 만발하길 기원하는 마음이 저절로 일게 하는 밝은 시에 깊이 공감하는 바이다.

비워놓은 방

식어버린 구들장
비워놓은 방
어려운 사람들

저리고 아픈 마음
고슴도치로
곁에만 가도 찌를 듯

작은 방 네 식구
힘들어도

게스트하우스
열쇠를 주시면서
마음 고운 어머니 돌아가시고
빈 방
어려운 이들을 위하여
드리겠다고

– <비워놓은 방> 全文

방이 하나 비어 있다. 오랫동안 구들장에 불을 넣지 않아서

식어버렸지만, 어려운 사람들을 위해 빈방을 드리겠다고 게스트하우스 열쇠를 주셨다. 영원한 사랑의 어머니는 자식들을 위해서만 헌신하고 사랑을 내주는 게 아니다. 마음 고우셔서 저리고 아픈 마음, 어려운 사람들을 위해서도 방을 비워두시는 자애慈愛를 보이신다. "네 이웃을 네 몸과 같이 사랑하라" 는 성경 구절을 생각나게 하는 시다. 사랑을 실천하시는 최 시인의 어머님의 따뜻한 마음이, 얼어가고 있는 세상을 훈훈하게 녹일 것이라는 생각을 해본다.

3. 나가는 말

지금까지 최인경 시인의 시집 「기쁨의 우물」의 시편들을 가. 일상과 자연 속에 서정적 사유, 나. 성서적인 사유와 기도문으로 승화된 시편들, 다. 역사 여행 시, 라. 어머니의 원형으로 나누어 살펴보았다. 최인경 시인의 시는 난해하지 않으며, 지나치게 시적 기교를 부리거나 시적 장치를 하지 않는다. 생활 속에서 느끼는 소회를 담담하게 시로 빚어내고 있다. 예민한 감수성으로 삶의 현장에서 느꼈던 일들은 그대로 시가 되었다. 소소한 기쁨과 행복감이 시에 그대로 드러나 있으니 말이다. 물론, 역경의 순간도 있었을 것이다. 그것을 신앙과 기도로 이겨내려는 자기 치유, 영성靈性이 높은 시들도 여러 편 있었다. 이같은 뜨거운 기도문들은, 신앙인들에게 널리 공감과 사랑을 받을 것으로 여겨진다.

그에게 시는 생활이고 호흡이며 지팡이고 성서적인 묵상임을 읽을 수 있었다. 생강 껍질을 벗기면서 느낀 소회, 산에 올라

바스락 낙엽을 밟으면서, 달개비꽃에서 사유와 철학 - 삶에 대한 통섭을 그려내고 있다. 또한, 여러 편의 기도문 시편들은 고난을 받고있는 이들에게 위로와 공감을 얻을 것이다. 최 시인 자신도 삶의 역경들을 기도를 통해 하늘을 타는 기쁨을 얻고 있음을 읽을 수 있었다.

최인경 시인의 시는 담백하고 군더더기가 거의 없다. 쉬운 표현으로 정서적 사유와 기도, 일상과 여행 시를 쓰고 있다. 그리고 울림과 감동을 주고 있다. 〈청국장〉, 〈보리밥〉, 〈배춧속 여행〉, 〈깊어가는 서정을 삼키다〉와 같은 음식에 대한 시들도 소소한 일상의 행복을 느끼게 해주는 시로써, 시 읽는 즐거움을 주고 있다. 평생 희생과 헌신으로 자식들에게 사랑을 바치셨던 어머니에 대한 존경과 감사의 마음도 시로 잘 녹아있음도 살펴보았다. 특히 〈어머니 1〉은 세상의 모든 어머니들에게 꽃처럼 기쁨이 만발하길 기원하는 밝은 시로써, 독자들의 마음에 따뜻한 감동을 줄 것으로 보인다.

지면이 여의하지 않아, 이 글에서 다루지 못한 여러 좋은 작품들도 많았다. 이 시집은 독자들에게 시 읽는 기쁨과 행복을 선사하리라 확신한다. 자연과 일상의 깊은 사유와 통찰이 「기쁨의 우물」에 샘솟길 기원하며, 첫 번째 시집의 상재를 축하하며 글을 맺는다.

평설/ 姜笑耳

서울 출생, 본명 : 姜美京
이화여자대학교 국어국문학과 졸업
이화여자대학교 교육대학원 국어교육 전공
월간 〈시문학〉으로 시, 〈서울문학〉으로 수필 등단
한국시문학문인회 이사, (사)현대시인협회 회원,
국제펜클럽 한국본부 국제협력위원
수상 : 제1회 시민이 드리는 호국특별상 수상(시 부문)
제10회 한국현대시인협회 작품상 수상(시 부문)
제16회 풀잎문학상 大賞 수상(수필 부문)
제44회 사상과 문학 大賞 수상(수필 부문)
제12회 국민일보 신앙시 우수상 수상(시 부문)
시집 : 『별의 계단』, 『철모와 꽃양산』, 『새를 낳는 사람들』,
『행복한 파종』
산문집 : 『유적지, 그 백 년의 이야기』,
『독립운동가 숨을 만나다 』 1, 2, 3
시집 평설: 「물방울 꽃들은 바다로 흐른다」(김원, 2016)
「솔 향기 되어」(최홍준, 2019), 「한강」(김원, 2019),
「봄바람」(강태호, 2019), 「사랑받고 싶어서」(안상제, 2019),
「슬퍼도 숨지마」(조대연, 2019), 「광화문 전설」(김원, 2021),
「농부」(김원, 2021), 「황색선을 넘나들며」(민병문, 2021),
「미소짓는 흉상」(강태호, 2023), 「기쁨의 우물」(최인경, 2023)

최인경 시집

기쁨의 우물

2023년 3월 20일 초판 인쇄
2023년 3월 25일 초판 발행

저 자 | 최 인 경
발행인 | 이 승 한
편집인 | 임 선 실
주 간 | 강 소 이
발행처 | 도서출판 엠-애드
등 록 | 제2-2554
주 소 | 서울시 중구 충무로4가 36-7
전 화 | 02) 2278-8063/4
팩 스 | 02) 2275-8064
이메일 | madd1@hanmail.net

ISBN 978-89-6575-169-4
값 15,000원